Impressum
Verlag: BABADADA GmbH, Nedderfeld 112 , 22529 Hamburg
Geschäftsführer / Verlagsleitung: Harald Hof
Druck: Books on Demand GmbH, In de Tarpen 42, 22848 Norderstedt

Imprint
Publisher: BABADADA GmbH, Nedderfeld 112 , 22529 Hamburg, Germany
Managing Director / Publishing direction: Harald Hof
Print: Books on Demand GmbH, In de Tarpen 42, 22848 Norderstedt

ysgol
koulu

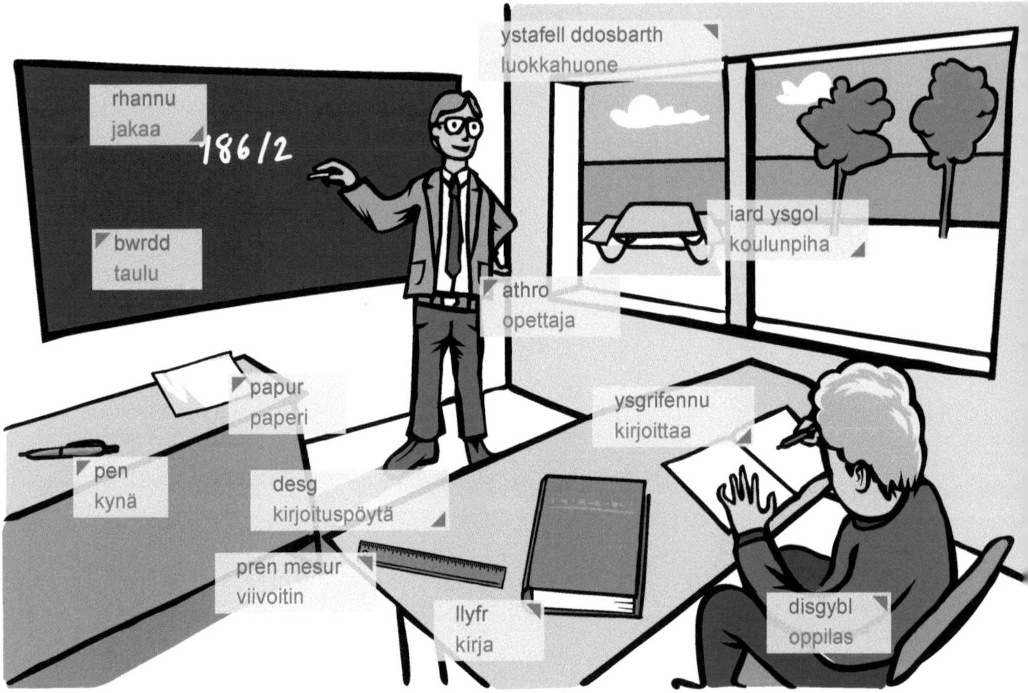

ystafell ddosbarth
luokkahuone
rhannu
jakaa
186/2
bwrdd
taulu
iard ysgol
koulunpiha
athro
opettaja
papur
paperi
ysgrifennu
kirjoittaa
pen
kynä
desg
kirjoituspöytä
pren mesur
viivoitin
llyfr
kirja
disgybl
oppilas

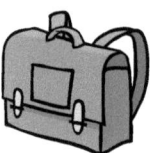

bag ysgol

reppu

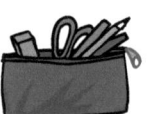

blwch penselau

penaali

pensil

lyijykynä

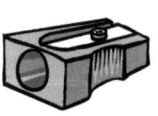

miniwr

kynänteroitin

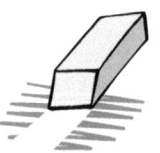

rwber

pyyhekumi

pad arlunio

piirustuslehtiö

draw

piirustus

brws paent

pensseli

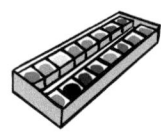

blwch paent

vesivärit

siswrn

sakset

glud

liima

llyfr ysgrifennu

harjoituskirja

gwaith cartref

kotitehtävä

rhif

luku

ychwanegu

lisätä

tynnu

vähentää

lluosi

kertoa

cyfrifo

laskea

llythyren

kirjain

gwyddor

aakkoset

gair

sana

testun

teksti

darllen

lukea

sialc

liitu

gwers

oppitunti

cofrestr

opettajan muistikirja

arholiad

koe

tystysgrif

todistus

gwisg ysgol

koulupuku

addysg

koulutus

gwyddoniadur

sanakirja

prifysgol

yliopisto

microsgop

mikroskooppi

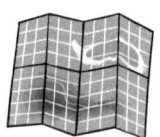

map

kartta

basged papur gwastraff

roskakori

teithio
matka

Grand
gwesty
hotelli
hostel
retkeilymaja
ROOMS
swyddfa gyfnewid
rahanvaihto
cês dillad
matkalaukku
car
auto

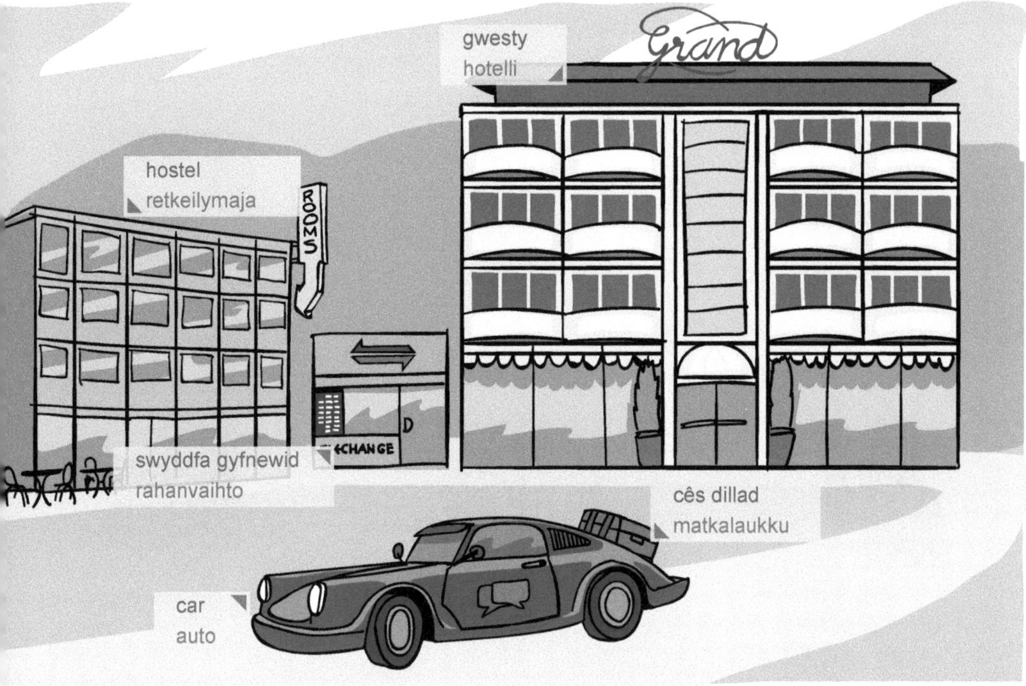

iaith

kieli

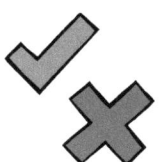

ie / na

kyllä / ei

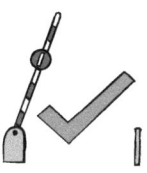

iawn

selvä

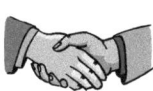

helo

hei

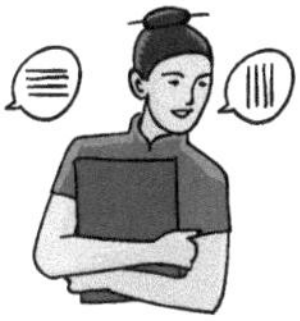

cyfieithydd

tulkki

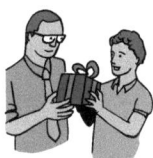

Diolch yn fawr

kiitos

faint yw ...?

Paljonko...maksaa?

Dw i ddim yn deall

en ymmärrä

problem

ongelma

Noswaith dda!

Hyvää iltaa!

Bore da!

Hyvää huomenta!

Nos da!

Hyvää yötä!

hwyl

näkemiin

cyfarwyddyd

suunta

bagiau

matkatavarat

bag

laukku

gwarbac

reppu

gwestai

vieras

ystafell

huone

sach gysgu

makuupussi

pabell

teltta

gwybodaeth i ymwelwyr

turisti-info

traeth

ranta

cerdyn credyd

luottokortti

brecwast

aamupala

cinio

lounas

swper

päivällinen

tocyn

matkalippu

lifft

hissi

stamp

postimerkki

ffin

raja

tollau

tulli

llysgenhadaeth

suurlähetystö

fisa

viisumi

pasbort

passi

cludiant

kuljetus

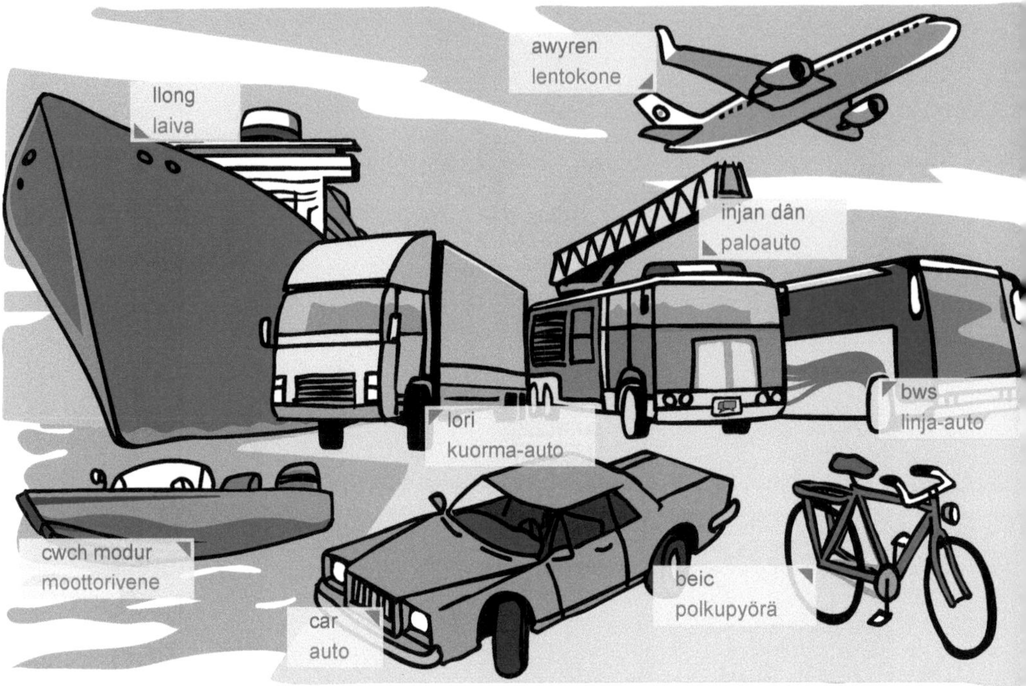
awyren
lentokone
llong
laiva
injan dân
paloauto
bws
linja-auto
lori
kuorma-auto
cwch modur
moottorivene
beic
polkupyörä
car
auto

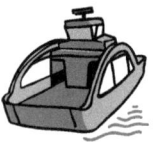

fferi

lautta

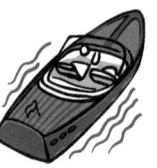

cwch

vene

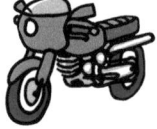

beic modur

moottoripyörä

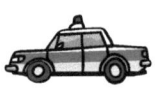

car yr heddlu

poliisiauto

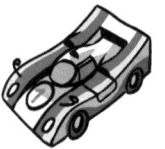

car rasio

kilpa-auto

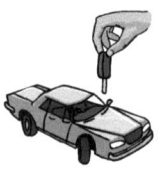

car wedi'i rentu

vuokra-auto

rhannu car

car sharing

lori tynnu

hinausauto

lori ysbwriel

roska-auto

modur

moottori

tanwydd

polttoaine

gorsaf betrol

huoltoasema

arwydd traffig

liikennemerkki

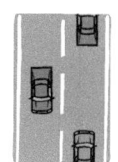

traffig

liikenne

tagfa draffig

ruuhka

maes parcio

parkkipaikka

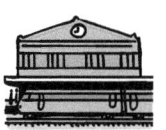

gorsaf drennau

rautatieasema

traciau

raiteet

trên

juna

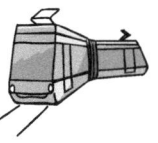

tram

raitiovaunu

wagen

vaunu

hofrennydd

helikopteri

maes awyr

lentokenttä

tŵr

lähilennonjohto

teithiwr

matkustaja

cynhwysydd

kontti

paced

pahvilaatikko

cert

kärryt

basged

kori

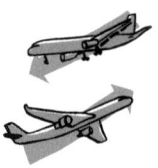

esgyn / glanio

nousta / laskea

dinas
kaupunki

pentref

kylä

canol y ddinas

keskusta

tŷ

talo

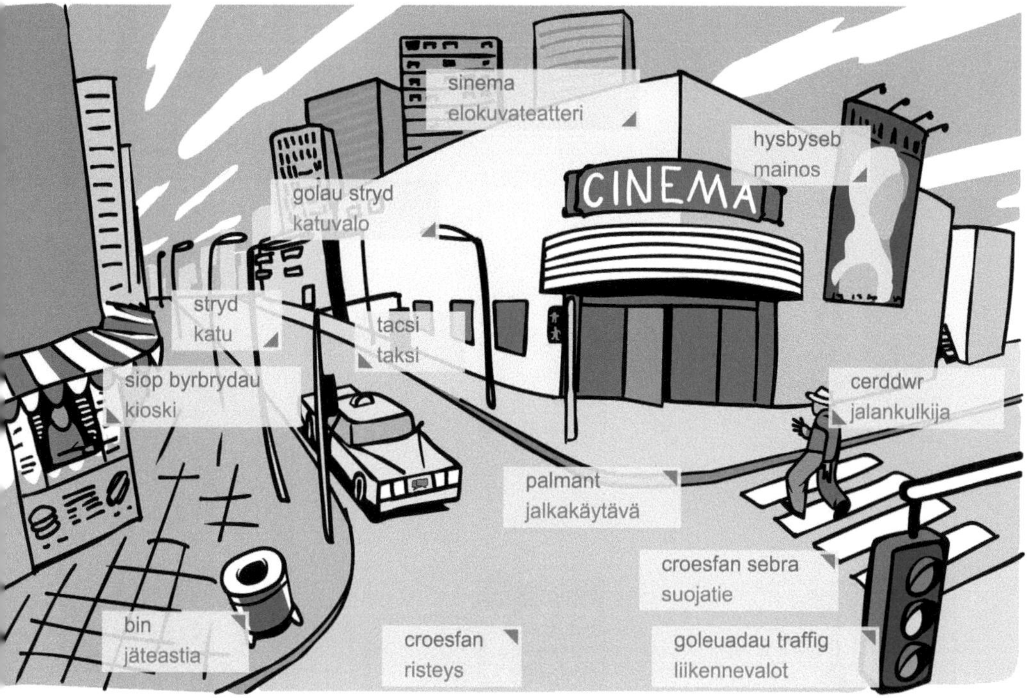

sinema
elokuvateatteri

golau stryd
katuvalo

hysbyseb
mainos

CINEMA

stryd
katu

tacsi
taksi

siop byrbrydau
kioski

cerddwr
jalankulkija

palmant
jalkakäytävä

croesfan sebra
suojatie

bin
jäteastia

croesfan
risteys

goleuadau traffig
liikennevalot

cwt

mökki

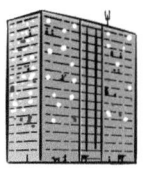

fflat

kerrostalo

gorsaf drennau

rautatieasema

neuadd y dref

kaupungintalo

amgueddfa

museo

ysgol

koulu

prifysgol
yliopisto

banc
pankki

ysbyty
sairaala

gwesty
hotelli

fferyllfa
apteekki

swyddfa
toimisto

siop lyfrau
kirjakauppa

siop
liike

siop flodau
kukkakauppa

archfarchnad
supermarketti

farchnad
tori

siop adrannol
tavaratalo

siop bysgod
kalakauppias

canolfan siopa
ostoskeskus

harbwr
satama

parc

puisto

banc

penkki

pont

silta

grisiau

portaat

rheilffordd danddaearol

metro

twnnel

tunneli

safle bws

linja-autopysäkki

bar

baari

bwyty

ravintola

blwch post

postilaatikko

arwydd stryd

katukyltti

mesurydd parcio

parkkimittari

sŵ

eläintarha

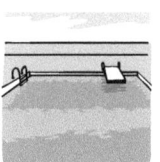

pwll nofio

uimala

mosg

moskeija

ff
ffferm
maatila

llygredd
ympäristön saastuminen

mynwent
hautausmaa

eglwys
kirkko

maes chwarae
leikkikenttä

teml
temppeli

tirwedd

maisema

deilen
lehti

arwydd cyfeirio
tienviitta

ffordd
tie

dôl
niitty

carreg
kivi

coeden
puu

heiciwr
retkeilijä

afon
joki

glaswellt
ruoho

blodyn
kukka

cwm
laakso

bryn
vuori

llyn
järvi

coedwig
metsä

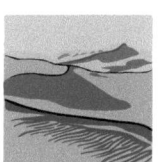

anialwch
aavikko

llosgfynydd
tulivuori

castell
linna

enfys
sateenkaari

madarchen
sieni

palmwydden
palmu

mosgito
hyttynen

pryf
kärpänen

morgrugyn
muurahainen

gwenyn
mehiläinen

pryf copyn
hämähäkki

chwilen

kovakuoriainen

llyffant

sammakko

gwiwer

orava

draenog

siili

ysgyfarnog

jänis

tylluan

pöllö

aderyn

lintu

alarch

joutsen

baedd

villisika

carw

peura

elc

hirvi

argae

pato

tyrbin gwynt

tuulimylly

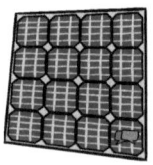

panel haul

aurinkopaneeli

hinsawdd

ilmasto

bwyty
ravintola

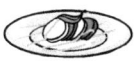

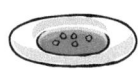

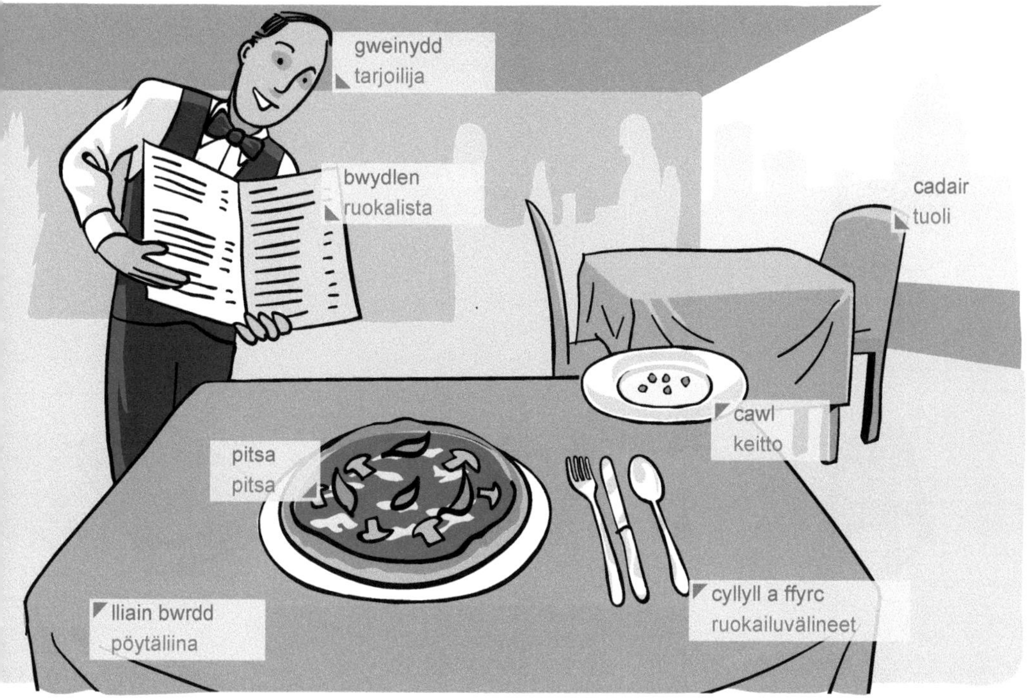

gweinydd
tarjoilija
bwydlen
ruokalista
cadair
tuoli
cawl
keitto
pitsa
pitsa
cyllyll a ffyrc
ruokailuvälineet
lliain bwrdd
pöytäliina

cwrs cyntaf

alkuruoka

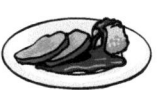

prif gwrs

pääruoka

pwdin

jälkiruoka

diodydd

juomat

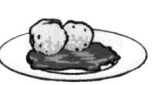

bwyd

ruoka

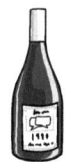

potel

pullo

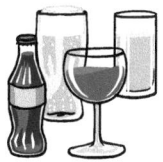

bwyd cyflym

pikaruoka

bwyd y stryd

katuruoka

tebot

teekannu

powlen siwgr

sokeriastia

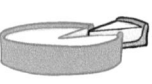

dogn

annos

peiriant espresso

espressokeitin

cadair plentyn

syöttötuoli

bil

lasku

hambwrdd

tarjotin

cyllell

veitsi

fforc

haarukka

llwy

lusikka

llwy de

teelusikka

napcyn

servietti

gwydr

lasi

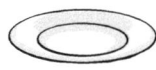

plât

lautanen

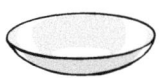

plât cawl

syvä lautanen

soser

aluslautanen

saws

kastike

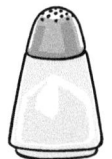

pot halen

suolasirotin

melin bupur

pippurimylly

finegr

etikka

olew

öljy

sbeisys

mausteet

saws coch

ketsuppi

mwstard

sinappi

mayonnaise

majoneesi

archfarchnad

supermarketti

cynnig arbennig
tarjous
FOR
cwsmer
asiakas
cynnyrch llaeth
maitotuotteet
ffrwythau
hedelmät
troli
ostoskärryt

BUTCHERS

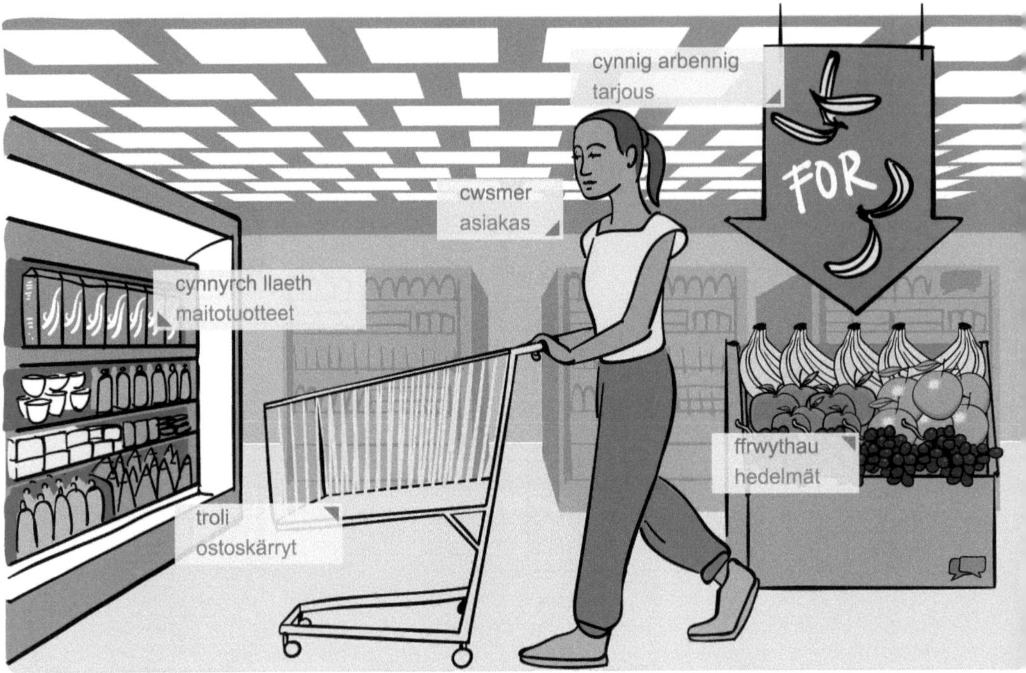

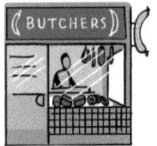

siop gig

teurastamo

BAKERY

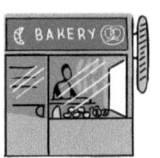

siop fara

leipomo

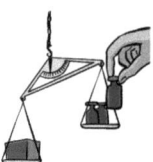

pwyso

punnita

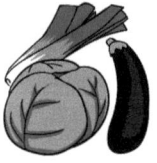

llysiau

kasvikset

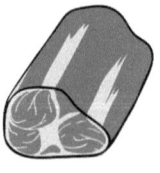

cig

liha

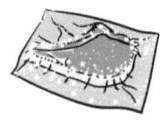

Bwyd wedi'i rewi

pakasteet

cig oer

leikkele

bwyd tun

säilykkeet

powdr golchi

pesujauhe

da-da

makeiset

cynnyrch cartref

kotitaloustarvikkeet

cynhyrchion glanhau

puhdistusaineet

gwerthwraig

myyjä

til

kassa

ariannwr

kassanhoitaja

rhestr siopa

ostoslista

oriau agor

aukioloajat

waled

lompakko

cerdyn credyd

luottokortti

bag

kassi

bag plastig

muovipussi

dŵr

vesi

sudd

mehu

llefrith

maito

côc

kokis

gwin

viini

cwrw

olut

alcohol

alkoholi

coco

kaakao

te

tee

coffi

kahvi

espresso

espresso

cappuccino

cappuccino

banana

banaani

afal

omena

oren

appelsiini

melon

meloni

lemwn

sitruuna

moronen

porkkana

garlleg

valkosipuli

bambŵ

bambu

nionyn

sipuli

madarchen

sieni

cnau

pähkinät

nwdls

spagetti

sbageti

spagetti

reis

riisi

salad

salaatti

sglodion

ranskalaiset

tatws wedi'u ffrïo

paistetut perunat

pitsa

pitsa

hambyrger

hampurilainen

brechdan

voileipä

cytled

leike

ham

kinkku

salami

salami

selsig

makkara

cyw iâr

kana

rhost

paisti

pysgodyn

kala

ceirch uwd

kaurahiutaleet

miwsli

mysli

creision ŷd

murot

blawd

jauho

croissant

voisarvi

bynsen

sämpylä

bara

leipä

tost

paahtoleipä

bisgedi

keksit

menyn

voi

ceuled

rahka

teisen

kakku

wy

kananmuna

wy wedi'i ffrïo

paistettu kananmuna

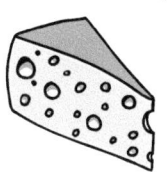

caws

juusto

hufen iâ

jäätelö

siwgr

sokeri

mêl

hunaja

jam

hillo

siocled taenu

suklaapähkinälevite

cyri

curry

fferm
maatila

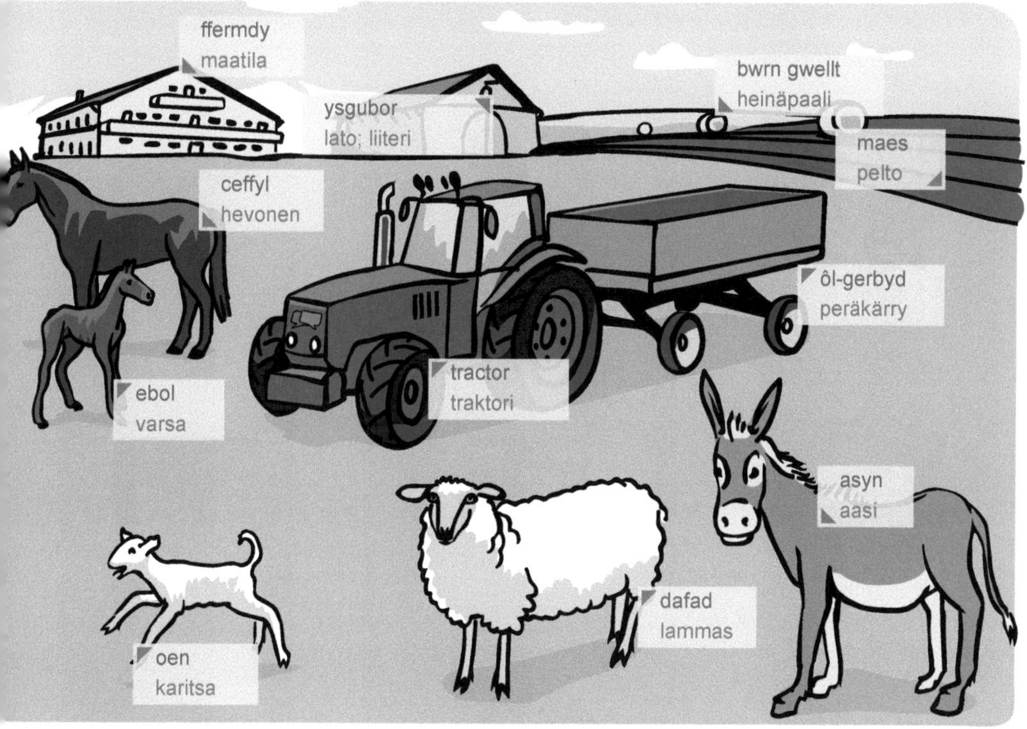
ffermdy
maatila
ysgubor
lato; liiteri
bwrn gwellt
heinäpaali
maes
pelto
ceffyl
hevonen
ôl-gerbyd
peräkärry
tractor
traktori
ebol
varsa
asyn
aasi
dafad
lammas
oen
karitsa

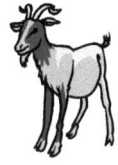

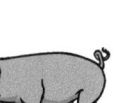

gafr

vuohi

buwch

lehmä

llo

vasikka

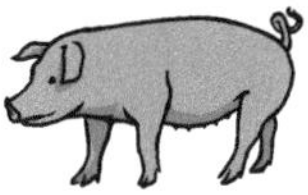

mochyn

sika

porchell

porsas

tarw

sonni

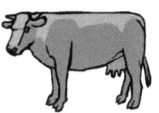

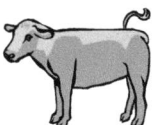

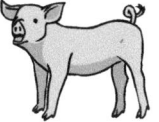

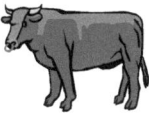

gwydd

hanhi

hwyaden

ankka

cyw

tipu

iâr

kana

ceiliog

kukko

llygoden fawr

rotta

cath

kissa

llygoden

hiiri

ych

härkä

ci

koira

cwt ci

koirankoppi

pibell ddŵr

puutarhaletku

can dŵr

kastelukannu

pladur

viikate

aradr

aura

cryman

sirppi

fforch chwynu

kuokka

picwarch

talikko

bwyell

kirves

berfa

kottikärryt

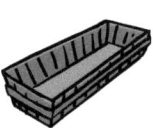

cafn

kaukalo

tun llefrith

maitokannu

sach

säkki

ffens

aita

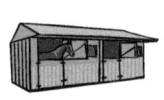

stabl

talli

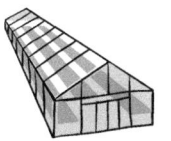

tŷ gwydr

kasvihuone

pridd

maa

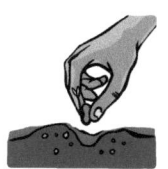

hedyn

siemen

gwrtaith

lannoite

dyrnwr medi

leikkuupuimuri

cynaeafu

kerätä sato

cynhaeaf

sato

iamau

jamssit

gwenith

vehnä

soi

soija

tysen

peruna

grawn

maissi

had rêp

rypsi

coeden ffrwythau

hedelmäpuu

manioc

maniokki

grawnfwydydd

vilja

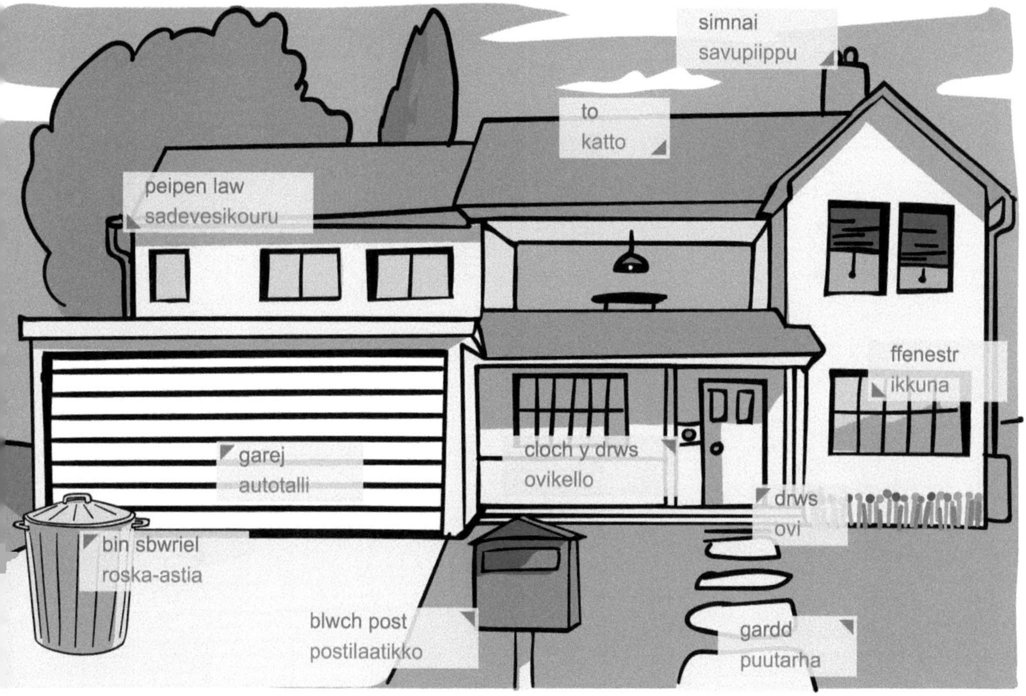

simnai
savupiippu

to
katto

peipen law
sadevesikouru

ffenestr
ikkuna

garej
autotalli

cloch y drws
ovikello

drws
ovi

bin sbwriel
roska-astia

blwch post
postilaatikko

gardd
puutarha

lolfa

olohuone

ystafell ymolchi

kylpyhuone

cegin

keittiö

ystafell wely

makuuhuone

ystafell plentyn

lastenhuone

ystafell fwyta

ruokahuone

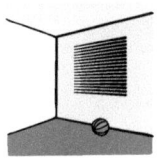

llawr
lattia

wal
seinä

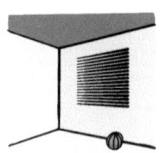

nenfwd
katto

seler
kellari

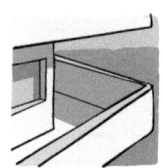

sawna
sauna

balconi
parveke

teras
terassi

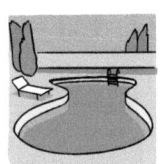

pwll
uima-allas

peiriant torri gwair
ruohonleikkuri

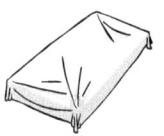

taflen
lakana

gorchudd gwely
päiväpeitto

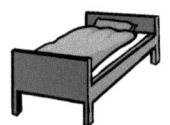

gwely
sänky

ysgub
harja

bwced
ämpäri

swits
katkaisin

lolfa
olohuone

papur wal
tapetti
llun
kuva
lamp
lamppu
silff
hylly
cwpwrdd
kaappi
teledu
televisio
lle tân
takka
blodyn
kukka
clustog
tyyny
soffa
sohva
fâs
maljakko
rheolydd o bell
kaukosäädin

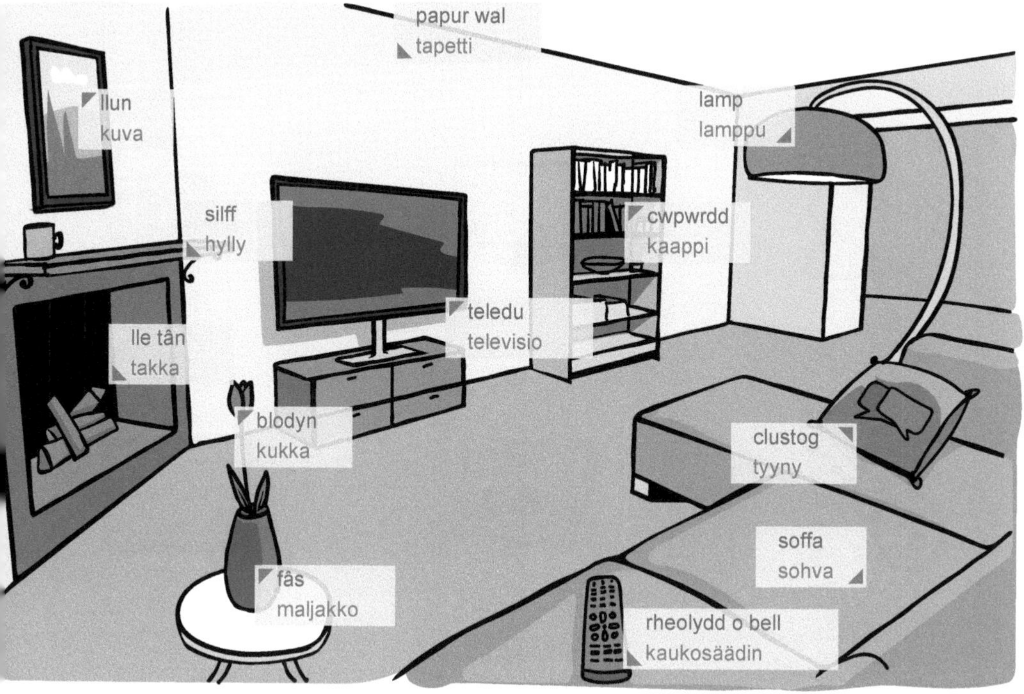

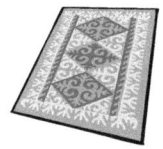

carped

matto

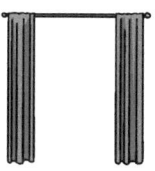

llen

verho

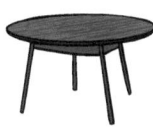

bwrdd

pöytä

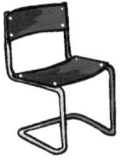

cadair

tuoli

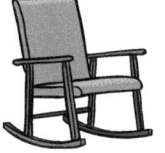

cadair siglo

keinutuoli

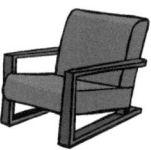

cadair freichiau

nojatuoli

llyfr

kirja

blanced

peitto

addurn

koriste

coed tân

polttopuut

ffilm

elokuva

hi-fi

stereot

agoriad

avain

papur newydd

sanomalehti

darlun

maalaus

poster

juliste

radio

radio

llyfr nodiadau

muistivihko

hwfer

pölynimuri

cactws

kaktus

cannwyll

kynttilä

cegin
keittiö

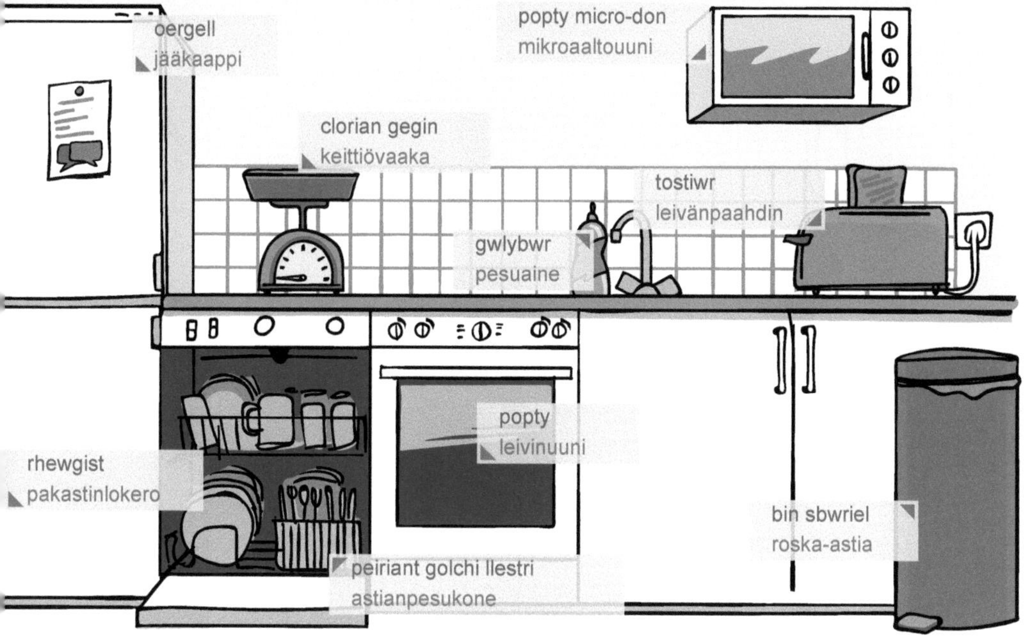
oergell
jääkaappi
popty micro-don
mikroaaltouuni
clorian gegin
keittiövaaka
tostiwr
leivänpaahdin
gwlybwr
pesuaine
popty
leivinuuni
rhewgist
pakastinlokero
bin sbwriel
roska-astia
peiriant golchi llestri
astianpesukone

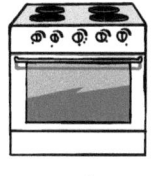

popty
liesi

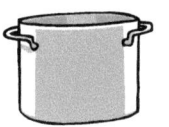

pot
kattila

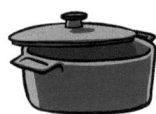

pot haearn bwrw
rautapata

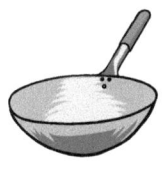

wok / kadai
vokkipannu / kadai-pannu

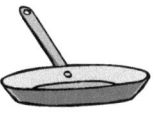

padell
paistinpannu

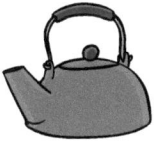

tegell
teepannu

sosban stemio

höyrykeitin

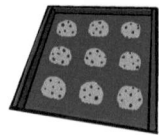

hambwrdd pobi

uunipelti

llestri

astiat

mwg

muki

powlen

kulho

gweill bwyta

syömäpuikot

lletwad

kauha

ysbodol

paistinlasta

chwisg

vispilä

hidlydd

siivilä

gogr

siivilä

gratiwr

raastin

morter

mortteli

barbeciw

grilli

tân agored

avotuli

bwrdd torri cig

leikkuulauta

rholbren

kaulin

tynnwr corcyn

korkinavaaja

tun

purkki

peth agor tuniau

purkinavaaja

clwt pot

pannulappu

sinc

lavuaari

brws

tiskiharja

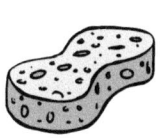

sbwng

pesusieni

peiriant cymysgu

tehosekoitin

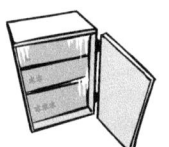

rhewgell

pakastin

potel babi

tuttipullo

tap

vesihana

ystafell ymolchi
kylpyhuone

gwres
lämmitys
cawod
suihku
tywel
pyyhe
llen gawod
suihkuverho
baddon ewyn
vaahtokylpy
baddon
kylpyamme
gwydr
lasi
peiriant golchi
pesukone
tap
vesihana
teils
kaakelit
potyn
potta
sinc
lavuaari

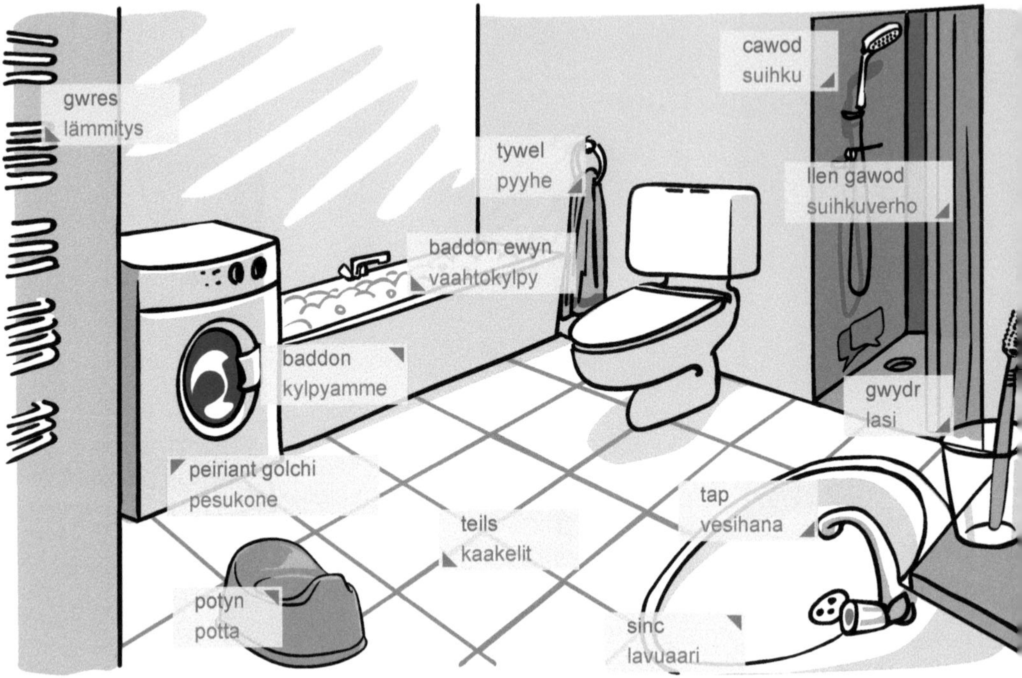

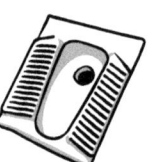

tŷ bach

vessa

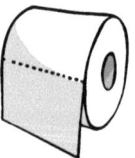

toiled cyrcydu

kyykkyvessa

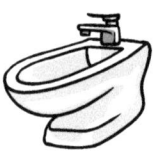

bidet

bidee

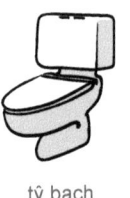

troethfa

pisuaari

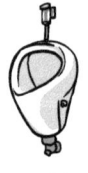

papur tŷ bach

vessapaperi

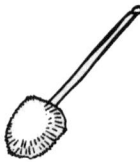

brws tŷ bach

vessaharja

brws dannedd

hammasharja

past dannedd

hammastahna

edau ddannedd

hammaslanka

golchi

pestä

cawod llaw

käsisuihku

golchfa

intiimisuihku

basn

pesuvati

brws-ôl

selkäharja

sebon

saippua

gel cawod

suihkugeeli

siampŵ

shampoo

gwlanen

pesulappu

ffos

viemäri

hufen

voide

diaroglydd

deodorantti

drych

peili

drych llaw

käsipeili

rasel

partaveitsi

ewyn eillio

partavaahto

sent eillio

partavesi

crib

kampa

brws

harja

sychwr gwallt

hiustenkuivaaja

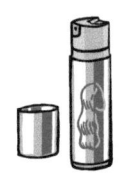

chwistrell gwallt

hiuslakka

colur

meikki

minlliw

huulipuna

farnais ewinedd

kynsilakka

gwlân cotwm

pumpuli

siswrn ewinedd

kynsisakset

persawr

hajuvesi

bag ymolchi

kosmetiikkalaukku

stôl

jakkara

clorian

vaaka

gŵn baddon

kylpytakki

menig rwber

kumihansikkaat

tampon

tamponi

tywel misglwyf

terveysside

toiled cemegol

kemiallinen wc

ystafell plentyn
lastenhuone

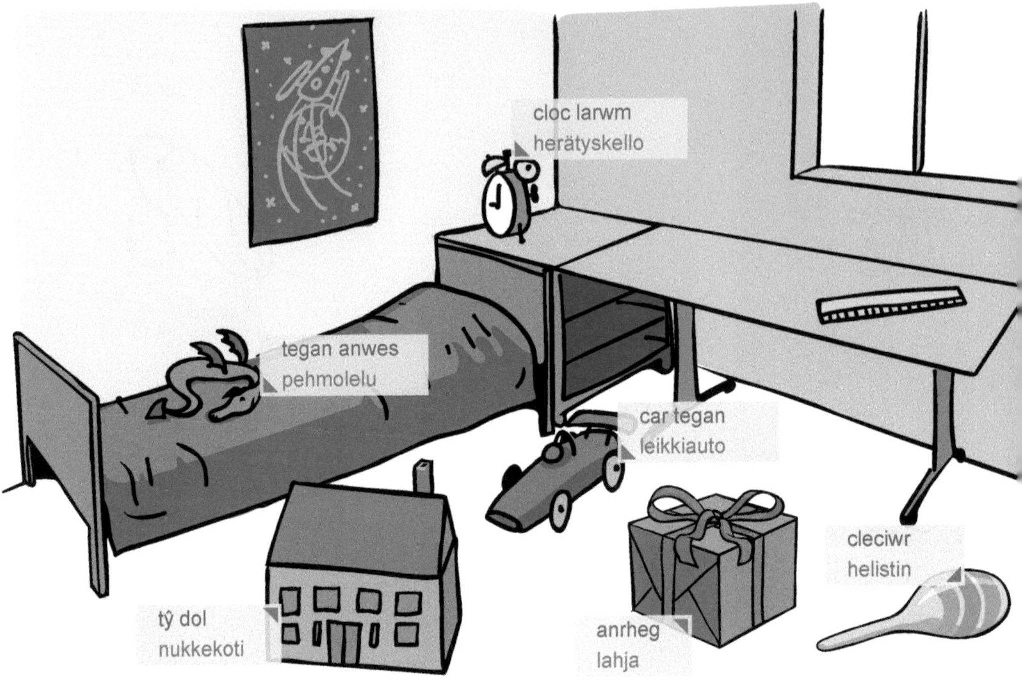

cloc larwm
herätyskello
tegan anwes
pehmolelu
car tegan
leikkiauto
cleciwr
helistin
tŷ dol
nukkekoti
anrheg
lahja

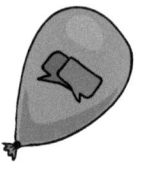

balŵn
ilmapallo

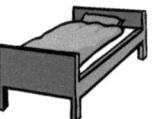

gwely
sänky

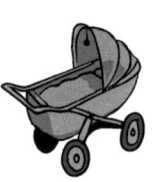

pram
lastenvaunut

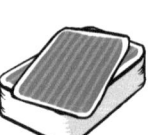

pecyn o gardiau
korttipeli

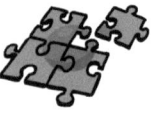

jig-so
palapeli

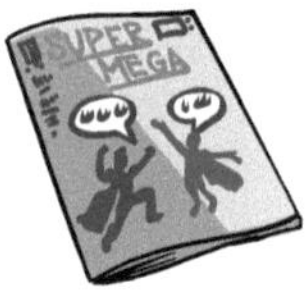

comic
sarjakuva

brics Lego

legopalikat

blociau adeiladu

rakennuspalikat

ffigur gweithredu

supersankari

babygro

potkupuku

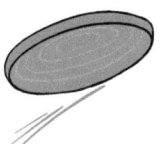

ffrisbi

frisbee

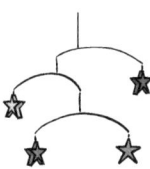

symudyn

mobile

gêm fwrdd

lautapeli

deis

noppa

set model trên

pienoisjunarata

teth lwgu

tutti

parti

juhlat

llyfr lluniau

kuvakirja

pêl

pallo

dol

nukke

chwarae

leikkiä

pwll tywod

hiekkalaatikko

swing

keinu

teganau

lelut

consol gemau fideo

pelikonsoli

beic tair olwyn

kolmipyörä

tedi

nalle

cwpwrdd dillad

vaatekaappi

dillad
vaatteet

hosanau

sukat

hosanau

nylonsukat

teits

sukkahousut

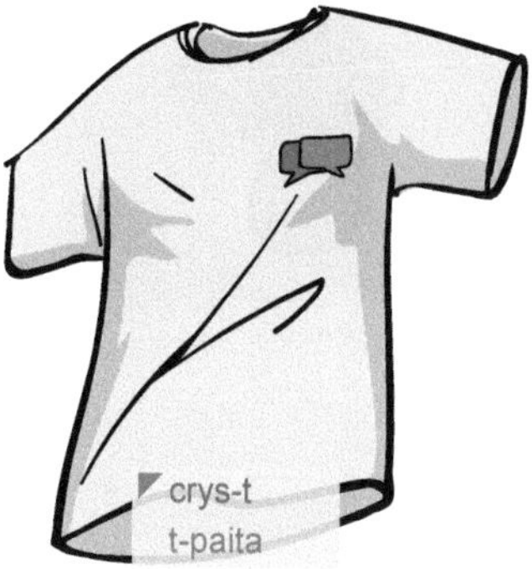

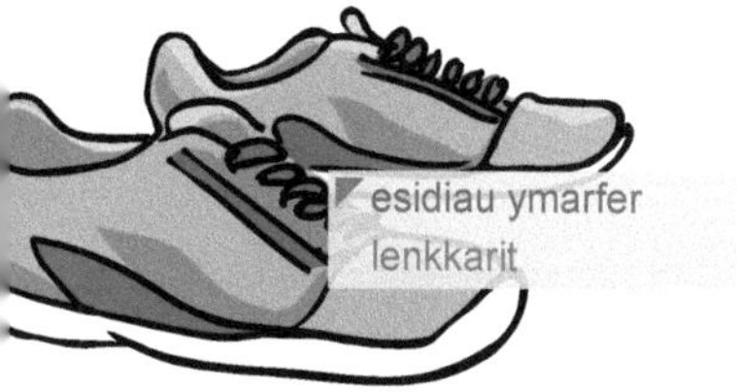

sgarff
kaulaliina

gwregys
vyö

ymbarél
sateenvarjo

crys-t
t-paita

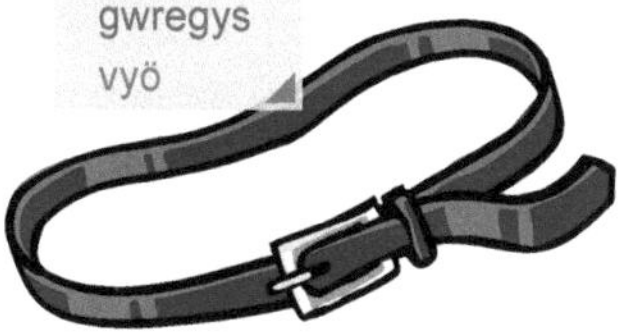

esidiau ymarfer
lenkkarit

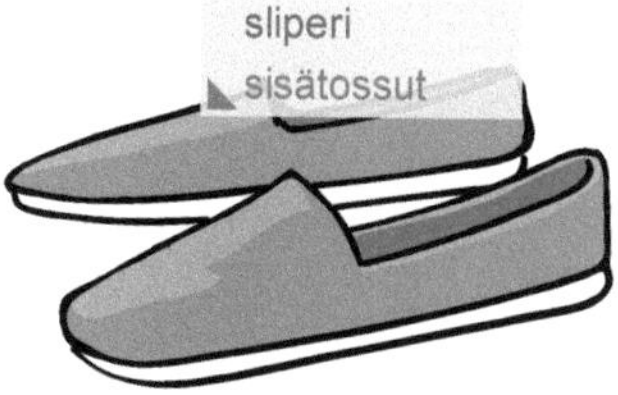

esgidiau
saappaat

sliperi
sisätossut

sandalau
sandaalit

esgidiau
kengät

esgidiau rwber
kumisaappaat

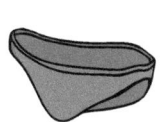

trôns
alushousut

bra
rintaliivit

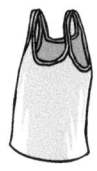

fest
aluspaita

corff

body

trowsus

housut

jîns

farkut

sgert

hame

blows

pusero

crys

paita

pwlofer

villapaita

hwdi

collegepaita

blaser

jakku

siaced

takki

côt

takki

côt law

sadetakki

gwisg

puku

gŵn

mekko

gwisg briodas

hääpuku

siwt
....
puku

gŵn nos
....
yöpaita

pyjamas
....
pyjama

sari
....
shari

sgarff pen
....
päähuivi

tyrban
....
turbaani

bwrca
....
burka

cafftan
....
kaftaani

abaya
....
abaya

gwisg nofio
....
uimapuku

trowsus nofio
....
uimahousut

siorts
....
shortsit

tracwisg
....
verkkarit

ffedog
....
esiliina

menig
....
käsineet

botwm

nappi

sbectol

silmälasit

breichled

rannekoru

cadwyn

kaulakoru

modrwy

sormus

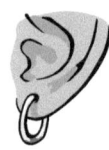

clustdlws

korvakoru

cap

lippalakki

cambren

ripustin

het

hattu

tei

solmio

sip

vetoketju

helmed

kypärä

fframiau danedd

henkselit

gwisg ysgol

koulupuku

gwisg

univormu

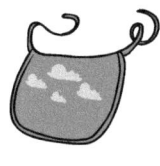

bib

ruokalappu

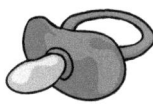

teth lwgu

tutti

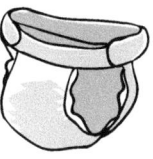

cewyn

vaippa

swyddfa
toimisto

gweinydd
palvelin
cwrpwrdd ffeilio
asiakirjakaappi
papur
paperi
argraffydd
tulostin
monitor
näyttö
desg
kirjoituspöytä
llygoden
hiiri
ffolder
kansio
bysellfwrdd
näppäimistö
basged papur gwastraff
roskakori
cyfrifiadur
tietokone
cadair
tuoli

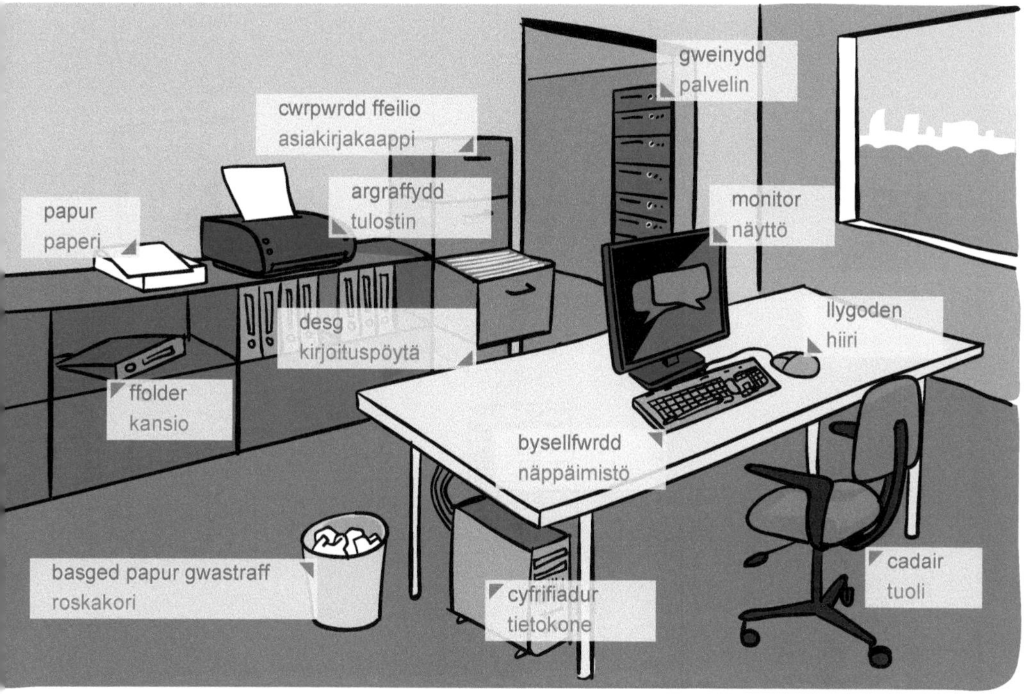

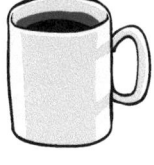

mwg coffi

kahvimuki

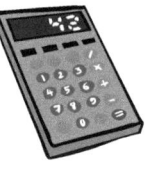

cyfrifiannell

taskulaskin

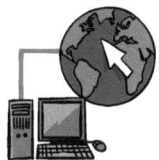

rhyngrwyd

internet

gliniadur

kannettava tietokone

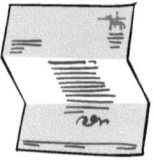

llythyr

kirje

neges

viesti

ffôn symudol

kännykkä

rhwydwaith

verkko

llungopïwr

kopiokone

meddalwedd

ohjelmisto

teleffon

puhelin

soced plwg

pistorasia

peiriant ffacs

faksi

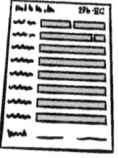

ffurflen

lomake

dogfen

asiakirja

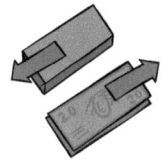

prynu
ostaa

talu
maksaa

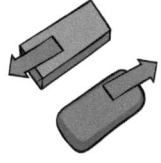

masnachu
vaihtaa

arian
raha

doler
dollari

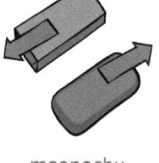

ewro
euro

yen
jeni

rwbl
rupla

ffranc y Swistir
frangi

yuan renminbi
renminbi juan

rwpi
rupia

peiriant arian
pankkiautomaatti

swyddfa gyfnewid

rahanvaihto

aur

kulta

arian

hopea

olew

öljy

ynni

energia

pris

hinta

contract

sopimus

treth

vero

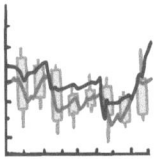

stoc

osake

gweithio

työskennellä

cyflogai

työntekijä

cyflogwr

työnantaja

ffatri

tehdas

siop

liike

swyddi
ammatit

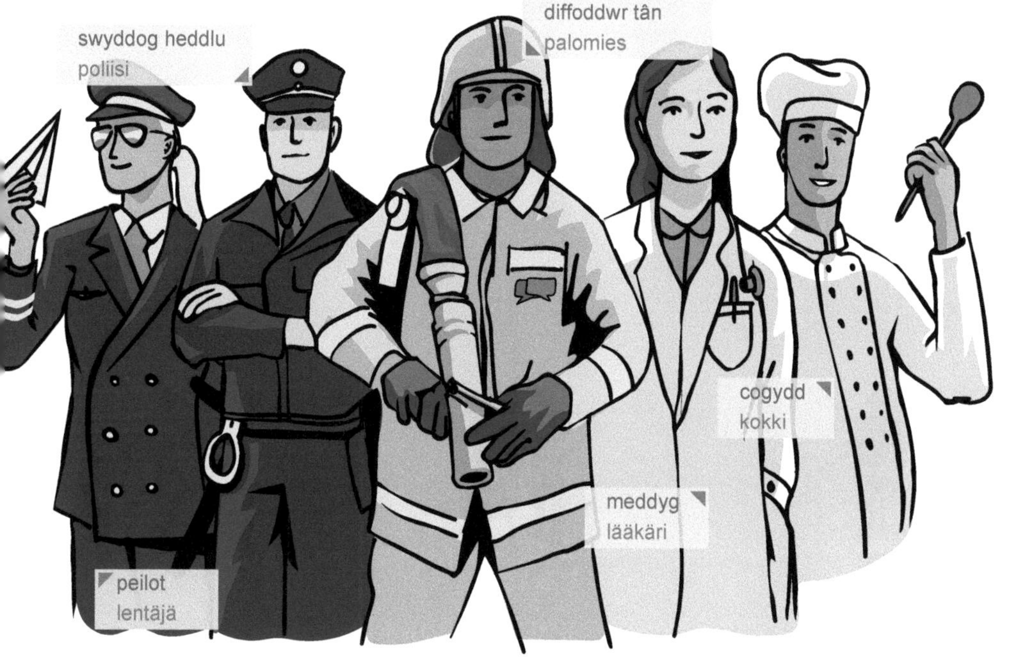

swyddog heddlu
poliisi
diffoddwr tân
palomies
cogydd
kokki
meddyg
lääkäri
peilot
lentäjä

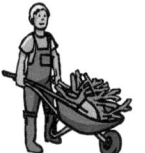

garddwr

puutarhuri

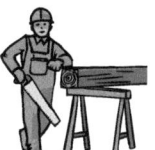

saer

puuseppä

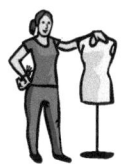

gwniadwraig

ompelija

barnwr

tuomari

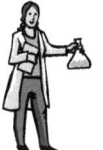

fferyllydd

kemisti

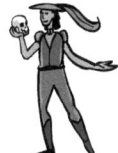

actor

näyttelijä

gyrrwr bws

linja-autonkuljettaja

gyrrwr tacsi

taksinkuljettaja

pysgotwr

kalastaja

glanhawraig

siivooja

töwr

katontekijä

gweinydd

tarjoilija

heliwr

metsästäjä

paentiwr

maalari

pobydd

leipuri

trydanwr

sähköasentaja

adeiladwr

rakentaja

peiriannydd

insinööri

cigydd

teurastaja

plymiwr

putkiasentaja

dyn y post

postinjakaja

milwr
sotilas

pensaer
arkkitehti

ariannwr
kassanhoitaja

gwerthwr blodau
floristi

triniwr gwallt
kampaaja

archwiliwr tocynnau
rheilffordd
konduktööri

mecanydd
mekaanikko

capten
kapteeni

deintydd
hammaslääkäri

gwyddonydd
tiedemies

rabi
rabbi

imam
imaami

mynach
munkki

clerigwr
pappi

offer
työkalut

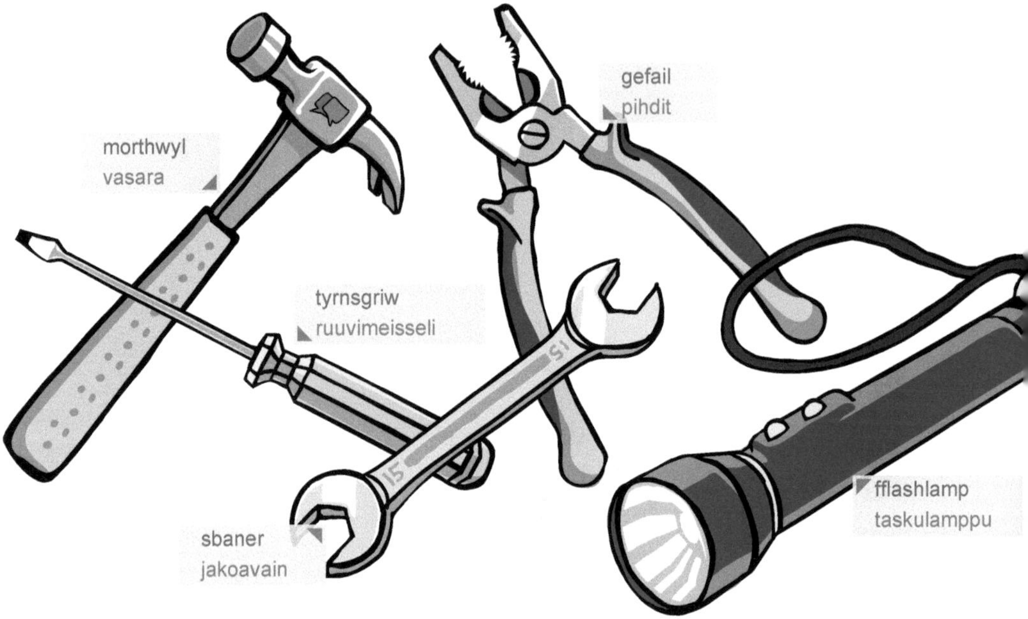
gefail
pihdit
morthwyl
vasara
tyrnsgriw
ruuvimeisseli
fflashlamp
taskulamppu
sbaner
jakoavain

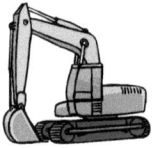

turiwr
kaivinkone

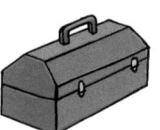

blwch offer
työkalupakki

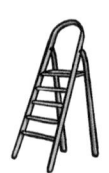

ysgol
tikkaat

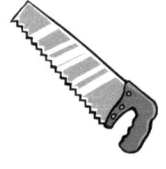

llif
saha

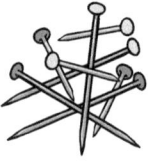

hoelion
naulat

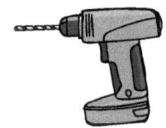

dril
pora

trwsio

korjata

rhaw

lapio

Daria!

Hitto!

rhaw lwch

rikkalapio

pot paent

maalipurkki

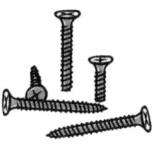

sgriwiau

ruuvit

offerynnau cerdd
soittimet

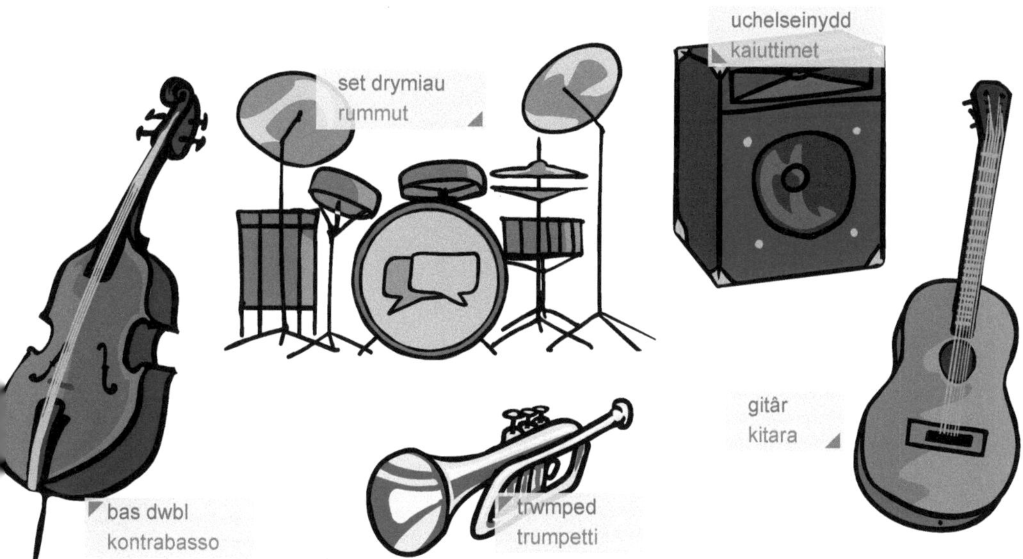

set drymiau
rummut

uchelseinydd
kaiuttimet

gitâr
kitara

bas dwbl
kontrabasso

trwmped
trumpetti

piano

piano

ffidil

viulu

bas

basso

timpani

patarummut

drymiau

rumpu

cyweirfwrdd

kosketinsoitin

sacsoffon

saksofoni

ffliwt

huilu

meicroffon

mikrofoni

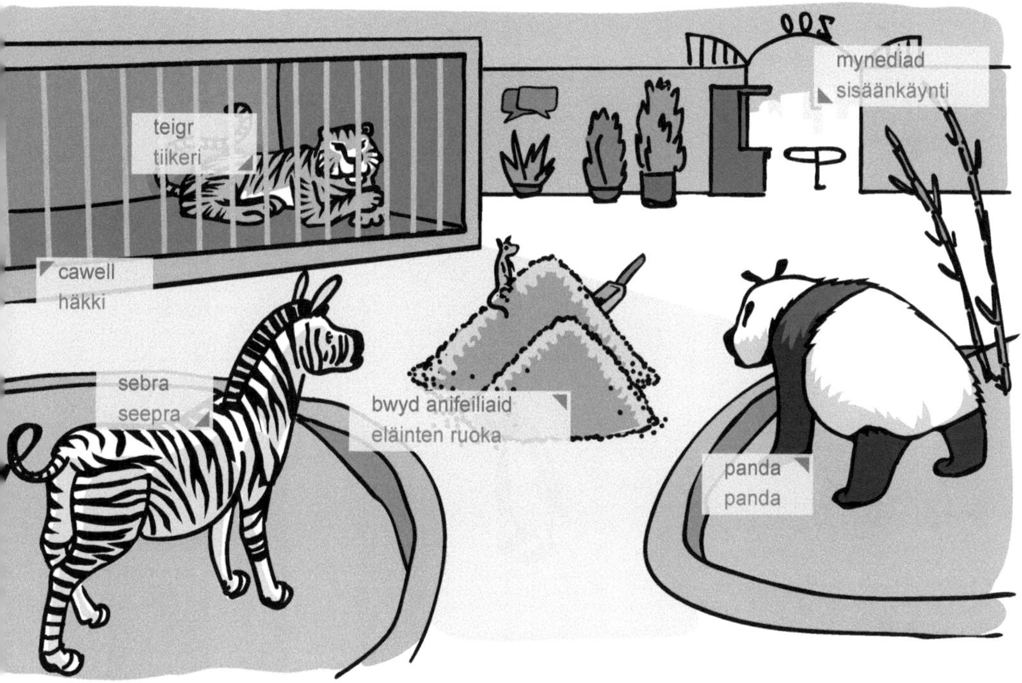

teigr
tiikeri

cawell
häkki

sebra
seepra

mynediad
sisäänkäynti

bwyd anifeiliaid
eläinten ruoka

panda
panda

anifeiliaid

eläimet

eliffant

norsu

cangarŵ

kenguru

rhinoseros

sarvikuono

gorila

gorilla

arth

karhu

camel

kameli

estrys

strutsi

llew

leijona

mwnci

apina

fflamingo

flamingo

parot

papukaija

arth wen

jääkarhu

pengwin

pingviini

siarc

hai

paun

riikinkukko

neidr

käärme

crocodeil

krokotiili

gofalwr sŵ

eläintarhanhoitaja

morlo

hylje

jagwar

jaguaari

merlyn
poni

llewpard
leopardi

hipo
virtahepo

jiráff
kirahvi

eryr
kotka

baedd
villisika

pysgodyn
kala

crwban
kilpikonna

walrws
mursu

llwynog
kettu

gafrewig
gaselli

pêl-droed America
amerikkalainen jalkapallo

beicio
pyöräily

tennis
tennis

pêl-fasged
koripallo

nofio
uinti

bocsio
nyrkkeily

hoci iâ
jääkiekko

pêl-droed

jalkapallo

badminton

sulkapallo

athletau

yleisurheilu

pêl-law

käsipallo

sgïo

hiihto

polo

poolo

gweithgareddau
aktiviteetit

chwerthin
nauraa
neidio
hypätä
cofleidio
halata
cerdded
kävellä
canu
laulaa
breuddwydio
unelmoida
gweddïo
rukoilla
cusanu
suudella

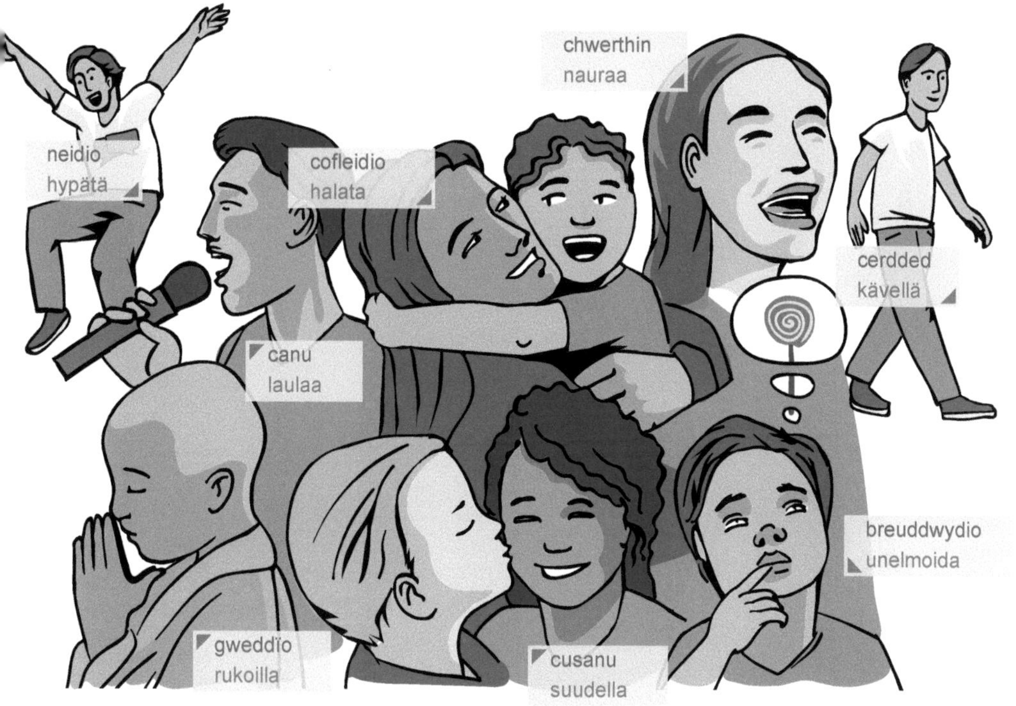

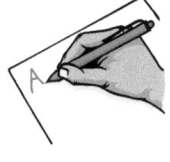

ysgrifennu

kirjoittaa

arlunio

piirtää

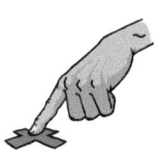

dangos

näyttää

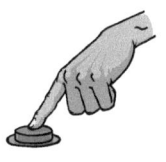

gwthio

painaa

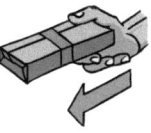

rhoi

antaa

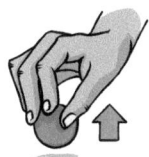

cymryd

ottaa

bod gan

omistaa

gwneud

tehdä

bod

olla

sefyll

seisoa

rhedeg

juosta

tynnu

vetää

taflu

heittää

disgyn

kaatua

gorwedd

maata

aros

odottaa

cario

kantaa

eistedd

istua

gwisgo amdanoch

pukeutua

cysgu

nukkua

deffro

herätä

edrych ar

katsoa

crïo

itkeä

anwesu

silittää

cribo

kammata

siarad

puhua

deall

ymmärtää

gofyn

kysyä

gwrando

kuunnella

yfed

juoda

bwyta

syödä

tacluso

siivota

caru

rakastaa

coginio

keittää

gyrru

ajaa

hedfan

lentää

hwylio

purjehtia

cyfrifo

laskea

darllen

lukea

dysgu

oppia

gweithio

työskennellä

priodi

mennä naimisiin

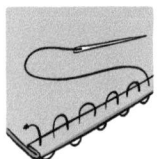

gwnïo

ommella

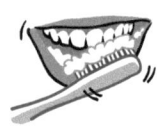

brwsio dannedd

pestä hampaat

lladd

tappaa

ysmygu

tupakoida

anfon

lähettää

teulu
perhe

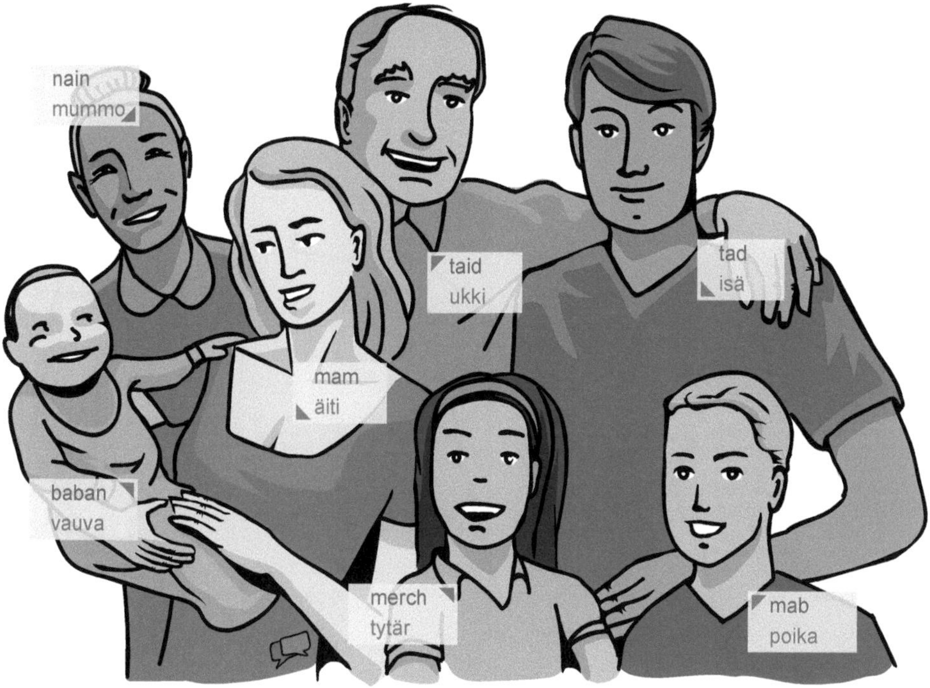

nain
mummo
taid
ukki
tad
isä
mam
äiti
baban
vauva
merch
tytär
mab
poika

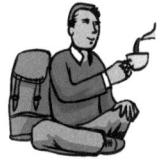

gwestai
vieras

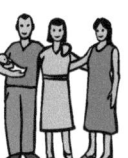

modryb
täti

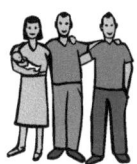

ewythr
setä

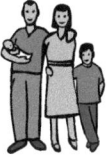

brawd
veli

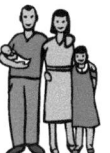

chwaer
sisko

corff

vartalo

talcen
otsa
llygad
silmä
ysgwydd
olkapää
bys
sormet
wyneb
kasvot
gên
leuka
llaw
käsi
coes
jalka
bron
rinta
braich
käsivarsi

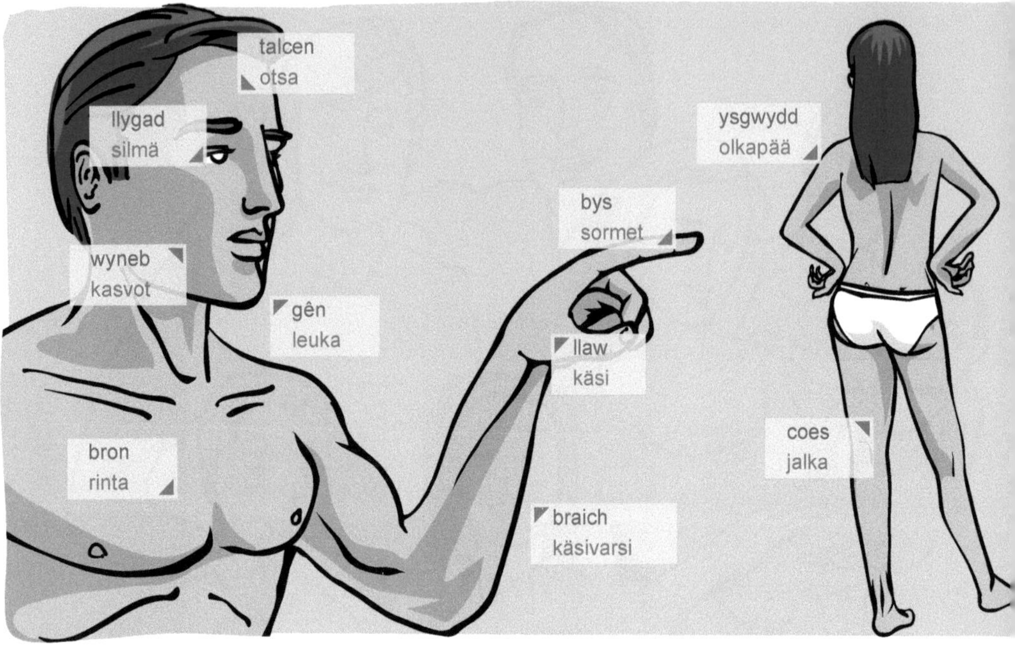

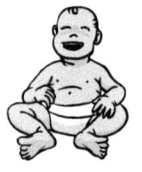

baban
vauva

dyn
mies

gwraig
nainen

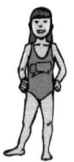

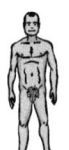

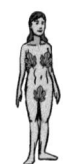

geneth
tyttö

bachgen
poika

pen
pää

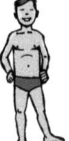

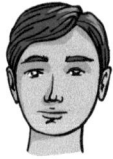

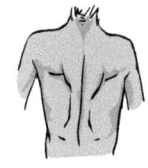

cefn

selkä

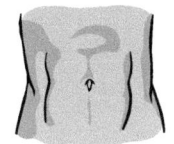

bel

maha

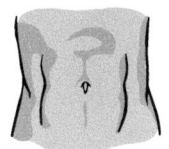

bogail

napa

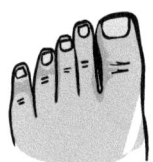

bys troed

varvas

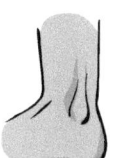

sawdl

kantapää

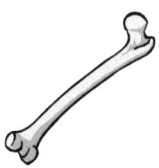

asgwrn

luu

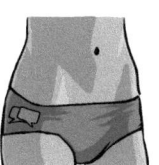

clun

lantio

pen-glin

polvi

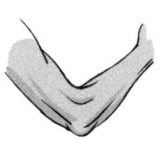

penelin

kyynärpää

trwyn

nenä

pen ôl

takapuoli

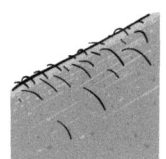

croen

iho

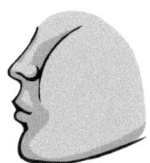

boch

poski

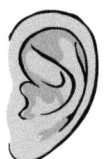

clust

korva

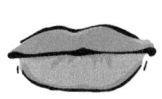

gwefus

huuli

ceg

suu

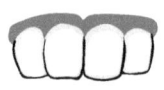

dant

hammas

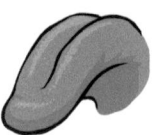

tafod

kieli

ymennydd

aivot

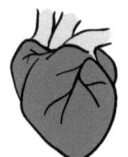

calon

sydän

cyhyr

lihas

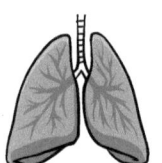

ysgyfaint

keuhkot

iau

maksa

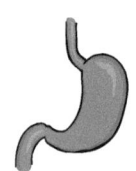

stumog

vatsa

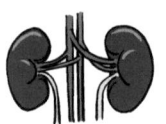

arennau

munuaiset

rhyw

seksi

condom

kondomi

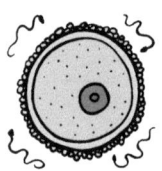

ofwm

munasolu

semen

sperma

beichiogrwydd

raskaus

corff - vartalo

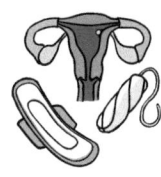

mislif
kuukautiset

fagina
vagina

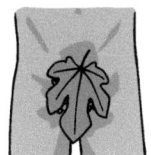

pidyn
penis

ael
kulmakarvat

gwallt
hiukset

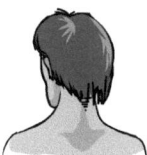

gwddf
niska

ysbyty
sairaala

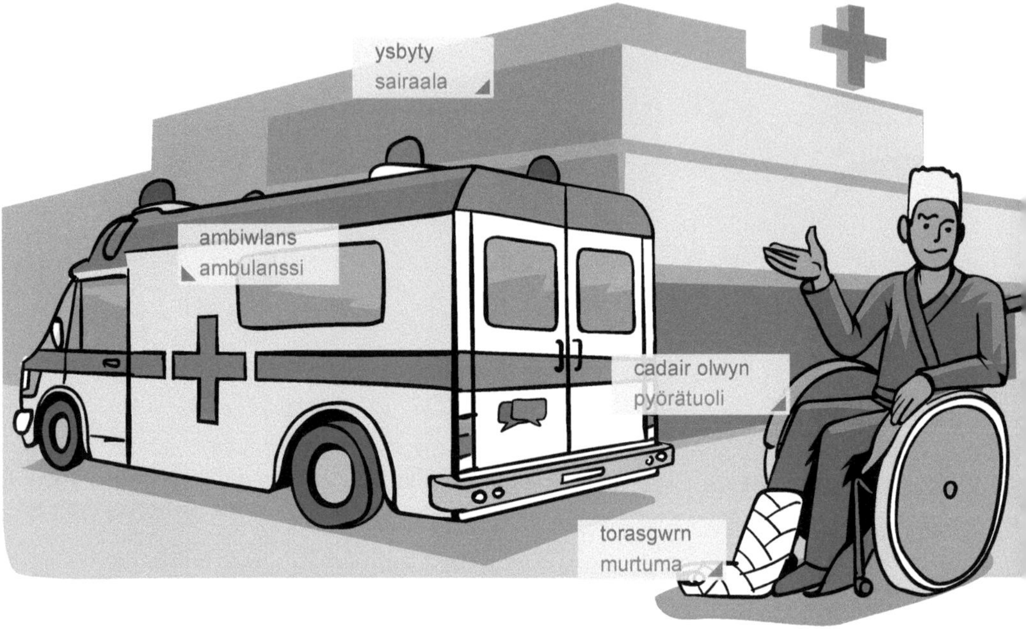

ysbyty
sairaala
ambiwlans
ambulanssi
cadair olwyn
pyörätuoli
torasgwrn
murtuma

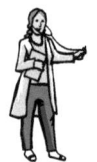

meddyg

lääkäri

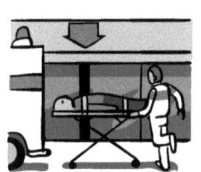

ystafell argyfwng

ensiapu

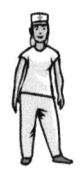

nyrs

sairaanhoitaja

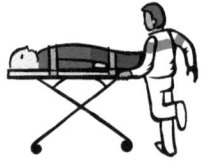

argyfwng

hätätilanne

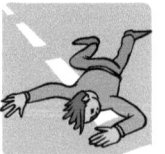

anymwybodol

tajuton

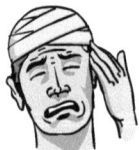

poen

kipu

anaf

vamma

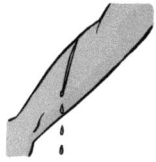

gwaedu

verenvuoto

trawiad ar y galon

sydänkohtaus

strôc

aivoinfarkti

alergedd

allergia

peswch

yskä

twymyn

kuume

ffliw

flunssa

dolur rhydd

ripuli

cur pen

päänsärky

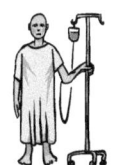

canser

syöpä

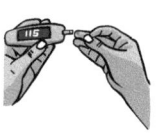

diabetes

diabetes

llawfeddyg

kirurgi

fflaim

veitsi

gweithrediad

leikkaus

CT

ct

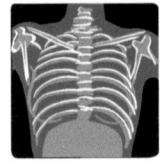

pelydr-x

röntgen

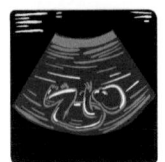

uwchsain

ultraääni

mwgwd wyneb

maski

clefyd

sairaus

ystafell aros

odotushuone

bagl

sauva

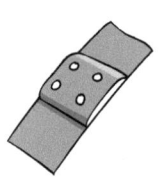

plastr

laastari

rhwymyn

side

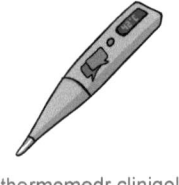

pigiad

pistos

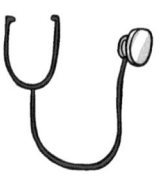

stethosgop

stetoskooppi

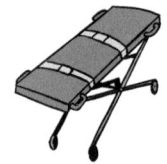

elorwely

paarit

thermomedr clinigol

kuumemittari

genedigaeth

syntymä

dros bwysau

ylipaino

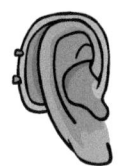

cymorth clyw

kuulolaite

diheintydd

desinfiointiaine

haint

infektio

firws

virus

HIV / AIDS

HIV / AIDS

meddygaeth

lääke

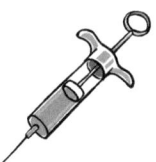

brechiad

rokotus

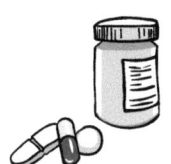

tabledi

tabletit

y bilsen

pilleri

galwad frys

hätäpuhelu

monitor pwysau gwaed

verenpainemittari

yn sâl / yn iach

sairas / terve

Help! Apua!	 larwm hälytys	 ymosodiad ryöstö
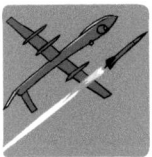 ymosodiad hyökkäys	 perygl vaara	 allanfa argyfwng hätäuloskäynti
Tân! Tulipalo!	 diffoddwr tân palosammutin	 damwain onnettomuus
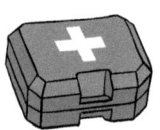 pecyn cymorth cyntaf ensiapulaukku	 SOS SOS	 heddlu poliisilaitos

Ewrop

Eurooppa

Gogledd America

Pohjois-Amerikka

De America

Etelä-Amerikka

Affrica

Afrikka

Asia

Aasia

Awstralia

Australia

Iwerydd

Atlantin valtameri

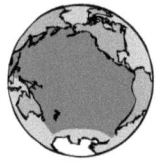

y Môr Tawel

Tyynimeri

Cefnfor yr India

Intian valtameri

Cefnfor yr Antarctig

Eteläinen jäämeri

Cefnfor yr Arctig

Pohjoinen jäämeri

Pegwn y Gogledd

pohjoisnapa

Pegwn y De

etelänapa

Antarctica

Antarktis

y Ddaear

maa

tir

maa

môr

meri

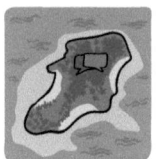

ynys

saari

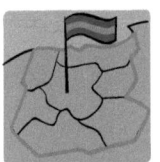

cenedl

kansa

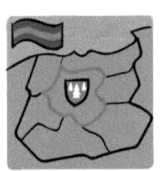

gwladwriaeth

osavaltio

wyneb cloc

kellotaulu

bys awr

tuntiviisari

bys munud

minuuttiviisari

bys eiliad

sekuntiviisari

Faint o'r gloch yw hi?

Paljonko kello on?

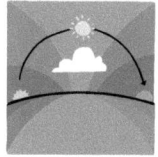

dydd

päivä

amser

aika

yn awr

nyt

cloc digidol

digitaalikello

munud

minuutti

awr

tunti

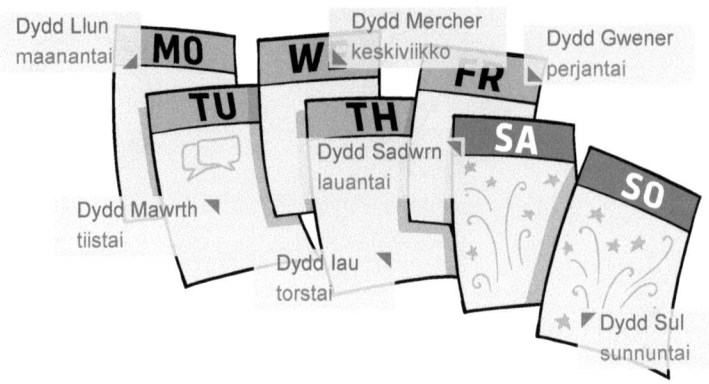

Dydd Llun
maanantai

Dydd Mercher
keskiviikko

Dydd Gwener
perjantai

Dydd Sadwrn
lauantai

Dydd Mawrth
tiistai

Dydd Iau
torstai

Dydd Sul
sunnuntai

ddoe

eilen

heddiw

tänään

yfory

huomenna

bore

aamu

canol dydd

keskipäivä

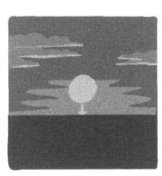

noswaith

ilta

MO	TU	WE	TH	FR	SA	SU
1	2	3	4	5	6	7
8	9	10	11	12	13	14
15	16	17	18	19	20	21
22	23	24	25	26	27	28
29	30	31	1	2	3	4

diwrnodiau busnes

työpäivät

MO	TU	WE	TH	FR	SA	SU
1	2	3	4	5	6	7
8	9	10	11	12	13	14
15	16	17	18	19	20	21
22	23	24	25	26	27	28
29	30	31	1	2	3	4

penwythnos

viikonloppu

blwyddyn
vuosi

glaw
sade
enfys
sateenkaari
gwynt
tuuli
eira
lumi
gwanwyn
kevät
haf
kesä
hydref
syksy
gaeaf
talvi

4.APRIL 11°
5.APRIL 4°
6.APRIL 13°
7.APRIL 8°
8.APRIL 10°

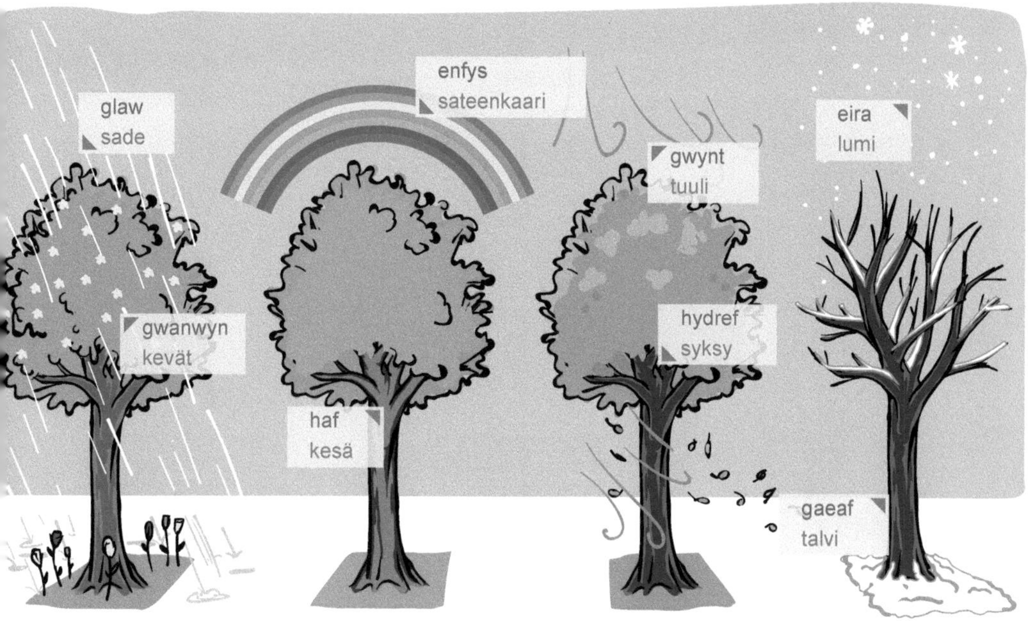

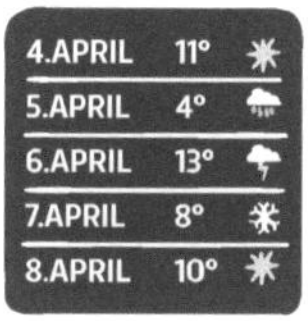

rhagolygon y tywydd
....
sääennuste

F C
120 40
90 30
60 20
30 10
0 0
-30 -10
-20

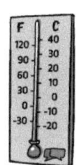

thermomedr
....
lämpömittari

heulwen
....
auringonpaiste

cwmwl
....
pilvi

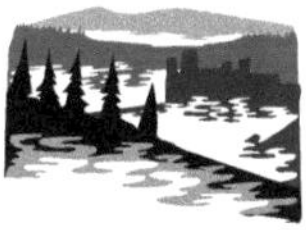

niwl tew
....
sumu

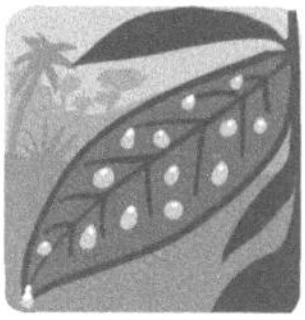

lleithder
....
ilmankosteus

mellt

salama

taranau

ukkonen

storm

myrsky

cenllysg

rae

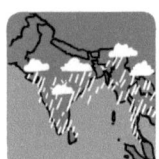

monsŵn

monsuuni

llif

tulva

iâ

jää

Ionawr

tammikuu

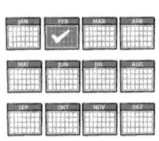

Chwefror

helmikuu

Mawrth

maaliskuu

Ebrill

huhtikuu

Mai

toukokuu

Mehefin

kesäkuu

Gorffennaf

heinäkuu

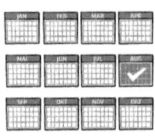

Awst

elokuu

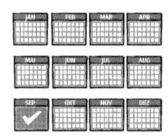

Medi
....
syyskuu

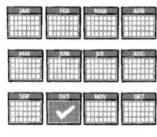

Hydref
....
lokakuu

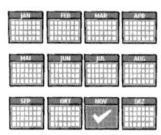

Tachwedd
....
marraskuu

Rhagfyr
....
joulukuu

siapiau
muodot

cylch
....
ympyrä

sgwâr
....
neliö

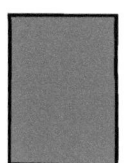

petryal
....
suorakulmio

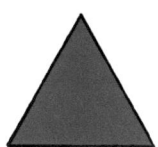

triongl
....
kolmio

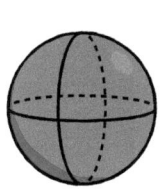

sffêr
....
pallo

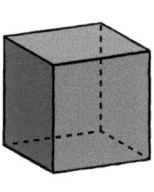

ciwb
....
kuutio

gwyn

valkoinen

melyn

keltainen

oren

oranssi

pinc

vaaleanpunainen

coch

punainen

porffor

violetti

glas

sininen

gwyrdd

vihreä

brown

ruskea

llwyd

harmaa

du

musta

llawer / ychydig

paljon / vähän

dig / tawel

vihainen / ystävällinen

hardd / hyll

kaunis / ruma

dechrau / diwedd

alku / loppu

mawr / bach

suuri / pieni

llachar / tywyll

vaalea / tumma

brawd / chwaer

veli / sisko

glân / budr

puhdas / likainen

gyflawn / anghyflawn

täydellinen / epätäydellinen

dydd / nos

päivä / yö

farw / yn fyw

kuollut / elävä

llydan / cul

leveä / kapea

bwytadwy / anfwytadwy

syötävä / syömäkelvoton

drwg / caredig

paha / kiltti

llawn cyffro / diflasu

innostunut / tylsistynyt

tew / tenau

lihava / laiha

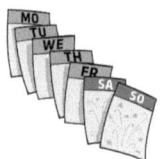

cyntaf / olaf

ensimmäinen / viimeinen

cyfaill / gelyn

ystävä / vihollinen

llawn / gwag

täysi / tyhjä

caled / meddal

kova / pehmeä

trwm / ysgafn

painava / kevyt

wedi newynnu / yn sychedig

nälkä / jano

yn sâl / yn iach

sairas / terve

anghyfreithlon / cyfreithiol

laiton / laillinen

deallus / twp

älykäs / tyhmä

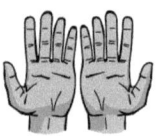

chwith / dde

vasen / oikea

agos / pell

lähellä / kaukana

ewydd / wedi'i ddefnyddio

uusi / käytetty

hen / ifanc

vanha / nuori

ymlaen / i ffwrdd

päällä / pois päältä

dim / rhywbeth

ei mitään / jotain

tawel / uchel

hiljainen / äänekäs

cyfoethog / tlawd

rikas / köyhä

cywir / anghywir

oikein / väärin

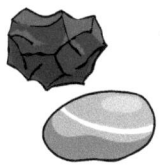

garw / llyfn

karhea / sileä

trist / hapus

surullinen / iloinen

byr / hir

lyhyt / pitkä

araf / cyflym

hidas / nopea

gwlyb / sych

märkä / kuiva

cynnes / claear

lämmin / viileä

rhyfel / heddwch

sota / rauha

0

sero

nolla

1

un

yksi

2

dau

kaksi

3

tri

kolme

4

pedwar

neljä

5

pump

viisi

6

chwech

kuusi

7

saith

seitsemän

8

wyth

kahdeksan

9

naw

yhdeksän

10

deg

kymmenen

11

un deg un

yksitoista

12

un deg dau

kaksitoista

13

un deg tri

kolmetoista

14

un deg pedwar

neljätoista

15

un deg pump

viisitoista

16

un deg chwech

kuusitoista

17

un deg saith

seitsemäntoista

18

un deg wyth

kahdeksantoista

19

un deg naw

yhdeksäntoista

20

dau ddeg

kaksikymmentä

100

cant

sata

1.000

mil

tuhat

1.000.000

miliwn

miljoona

Saesneg

englanti

Saesneg America

amerikanenglanti

Tsieinëeg Mandarin

mandariinikiina

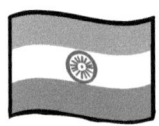

Hindi

hindi

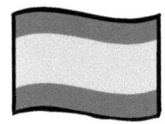

Sbaeneg

espanja

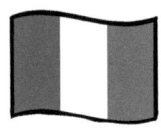

Ffrangeg

ranska

Arabeg

arabia

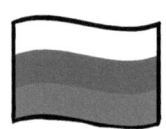

Rwseg

venäjä

Portiwgaleg

portugali

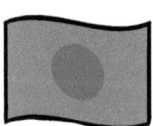

Bengali

bengali

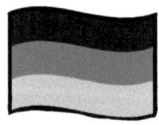

Almaeneg

saksa

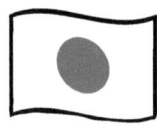

Siapanaeg

japani

fi

minä

ti

sinä

ef / hi

hän

ni

me

chi

te

nhw

he

pwy?

kuka?

beth?

mitä / mikä?

sut?

miten?

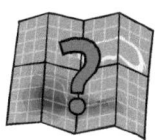

ble?

missä?

pryd?

milloin?

enw

nimi

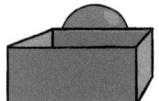

y tu ôl i

takana

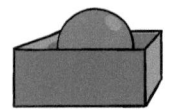

yn / yng / ym / mewn

sisällä

o flaen

edessä

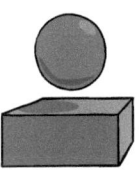

dros

yläpuolella

ar

päällä

dan

alapuolella

wrth ochr

vieressä

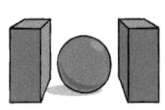

rhwng

välissä

lle

paikka